Impressum
Verlag: BABADADA GmbH, Nedderfeld 112 , 22529 Hamburg
Geschäftsführer / Verlagsleitung: Harald Hof
Druck: Books on Demand GmbH, In de Tarpen 42, 22848 Norderstedt

Imprint
Publisher: BABADADA GmbH, Nedderfeld 112 , 22529 Hamburg, Germany
Managing Director / Publishing direction: Harald Hof
Print: Books on Demand GmbH, In de Tarpen 42, 22848 Norderstedt, Germany

школа

xue xiao

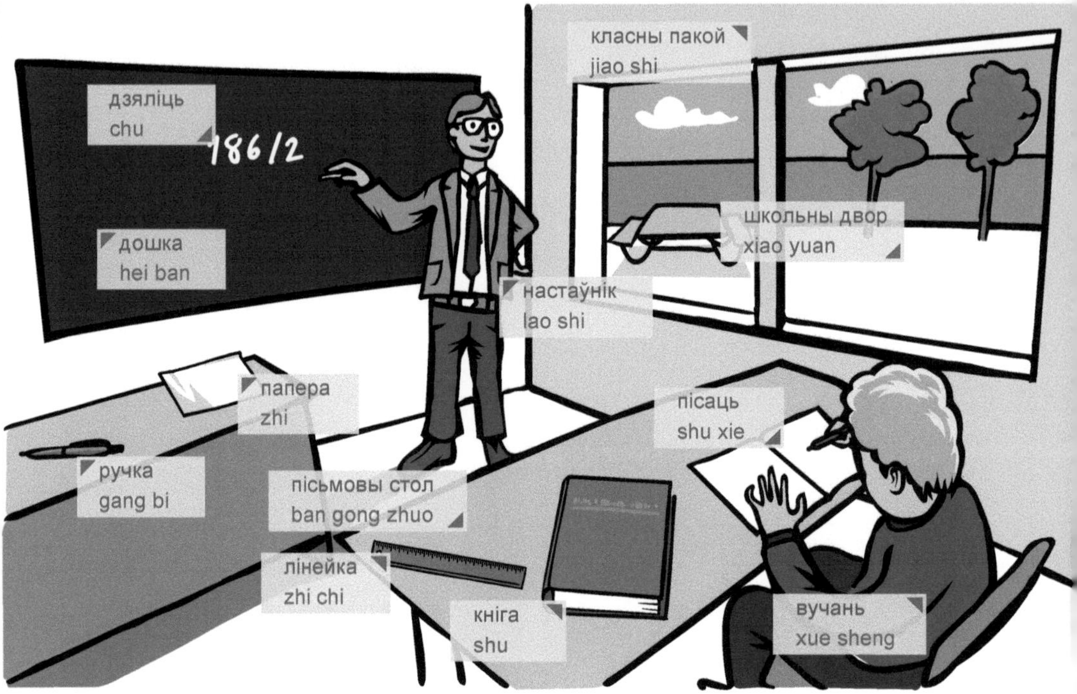

класны пакой
jiao shi
дзяліць
chu
186/2
дошка
hei ban
школьны двор
xiao yuan
настаўнік
lao shi
папера
zhi
пісаць
shu xie
ручка
gang bi
пісьмовы стол
ban gong zhuo
лінейка
zhi chi
кніга
shu
вучань
xue sheng

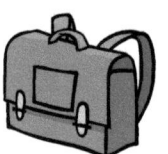

ранец

shu bao

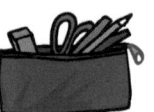

пенал

qian bi he

просты аловак

qian bi

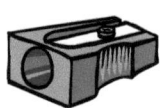

тачылка для алоўкаў

juan bi dao

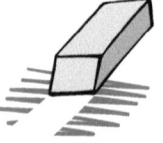

гумка

xiang pi ca

альбом для малявання

hua ban

малюнак

tu hua

пэндзлік

hua bi

фарбы

yan liao he

нажніцы

jian dao

клей

jiao shui

сшытак

lian xi ce

хатняе заданне

jia ting zuo ye

12

лік

shu zi

2+2

дадаваць

jia

5-2

адымаць

jian

2×2

множыць

cheng

лічыць

ji suan

A

літара

zi mu

ABCDEFG HIJKLMN OPQRSTU VWXYZ

алфавіт

zi mu biao

слова

zi

тэкст

ke wen

чытаць

du

крэйда

fen bi

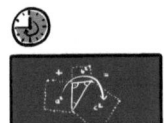

ўрок

shang ke

класны журнал

deng ji

экзамен

kao shi

атэстат

zheng shu

школьная форма

xiao fu

адукацыя

jiao yu

энцыклапедыя

bai ke quan shu

універсітэт

da xue

мікраскоп

xian wei jing

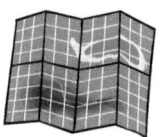

карта

di tu

смеццевы кошык

fei zhi kuang

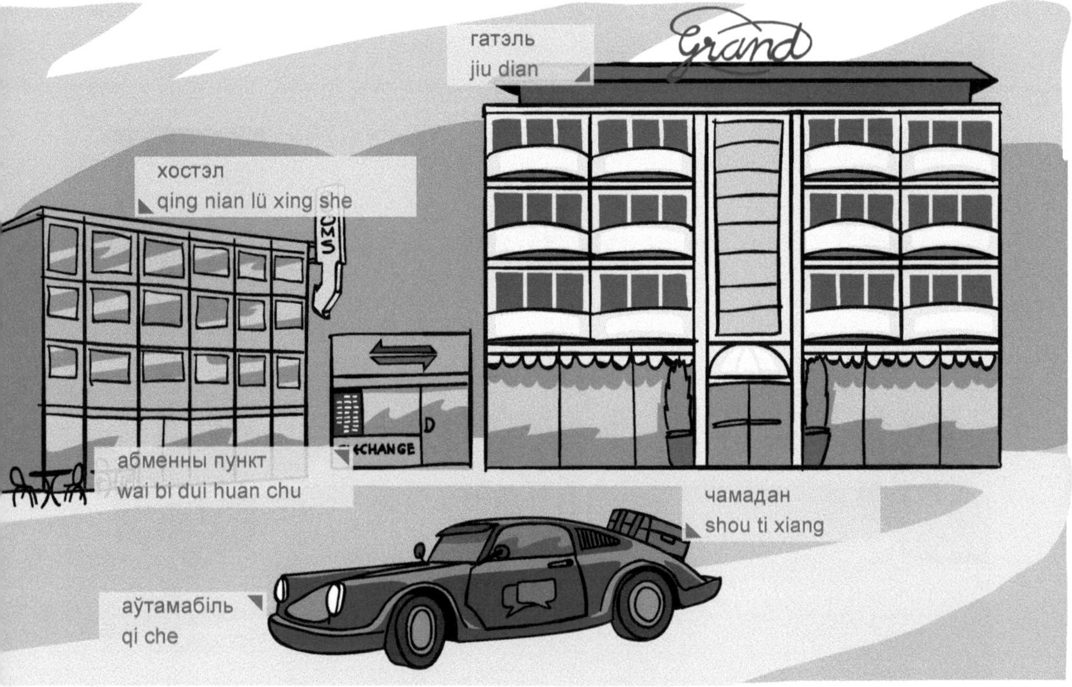

гатэль
jiu dian
Grand
хостэл
qing nian lü xing she
абменны пункт
wai bi dui huan chu
EXCHANGE
чамадан
shou ti xiang
аўтамабіль
qi che

мова

yu yan

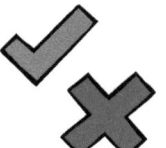

так / не

shi/fou

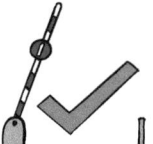

добра

hao de

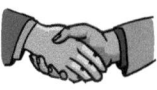

прывітанне!

nin hao

перакладчык

fan yi yuan

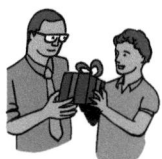

дзякуй

xie xie

Колькі каштуе....?

......duo shao qian?

я не разумею

wo bu ming bai

праблема

wen ti

Добры вечар!

wan shang hao!

Добрай раніцы!

zao shang hao!

Дабранач!

wan an!

да пабачэння

zai jian

кірунак

fang xiang

багаж

xing li

сумка

bao

заплечнік

shuang jian bao

госць

ke ren

пакой

fang jian

спальны мяшок

shui dai

палатка

zhang peng

падарожжа - lü xing

інфармацыя для турыстаў
lü you xin xi

пляж
hai tan

крэдытная картка
xin yong ka

снеданне
zao can

абед
wu can

вячэра
wan can

праязны білет
piao

ліфт
dian ti

паштовая марка
you piao

мяжа
bian jie

мытня
hai guan

пасольства
da shi guan

віза
qian zheng

пашпарт
hu zhao

транспарт

jiao tong yun shu

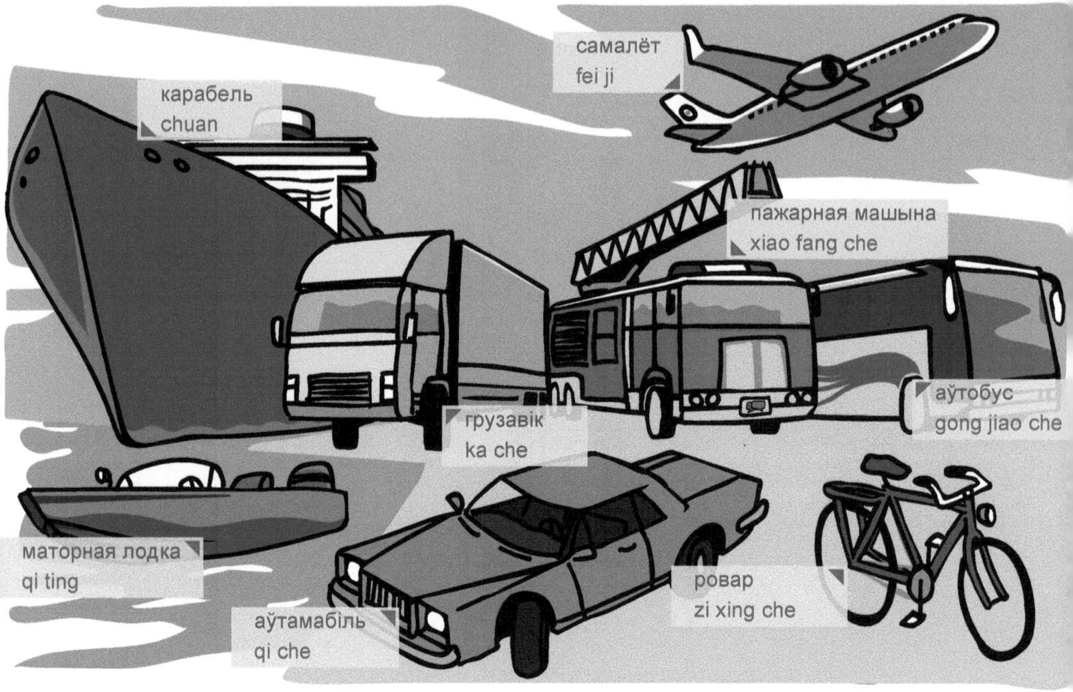
самалёт
fei ji
карабель
chuan
пажарная машына
xiao fang che
аўтобус
gong jiao che
грузавік
ka che
маторная лодка
qi ting
ровар
zi xing che
аўтамабіль
qi che

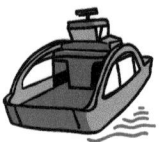

паром

bai du chuan

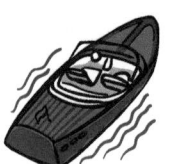

лодка

xiao chuan

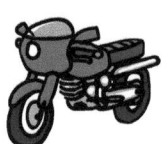

матацыкл

mo tuo che

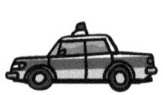

паліцэйская машына

jing che

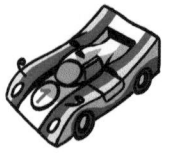

гоначны аўтамабіль

sai che

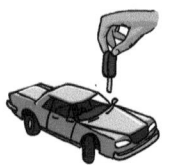

арэндаваны аўтамабіль

zu che

сумеснае карыстанне
аўтамабілем

pin che

эвакуатар

tuo che

смеццявоз

la ji che

матор

fa dong ji

паліва

qi you

запраўка

jia you zhan

дарожны знак

jiao tong biao zhi

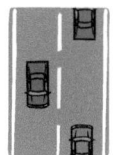

дарожны рух

jiao tong

затор

jiao tong du sai

паркоўка

ting che chang

чыгуначная станцыя

huo che zhan

рэйкі

gui dao

цягнік

huo che

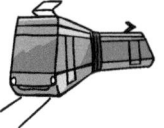

трамвай

dian che

вагон

huo che

верталёт

zhi sheng ji

аэрапорт

ji chang

вежа

ta

пасажыр

cheng ke

кантэйнер

ji zhuang xiang

кардонная скрыня

zhi ban xiang

тачка

shou tui che

карзіна

lan zi

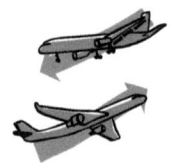

ўзлятаць / прызямляцца

qi fei/jiang luo

горад

cheng shi

вёска

cun zhuang

цэнтр горада

shi zhong xin

дом

fang zi

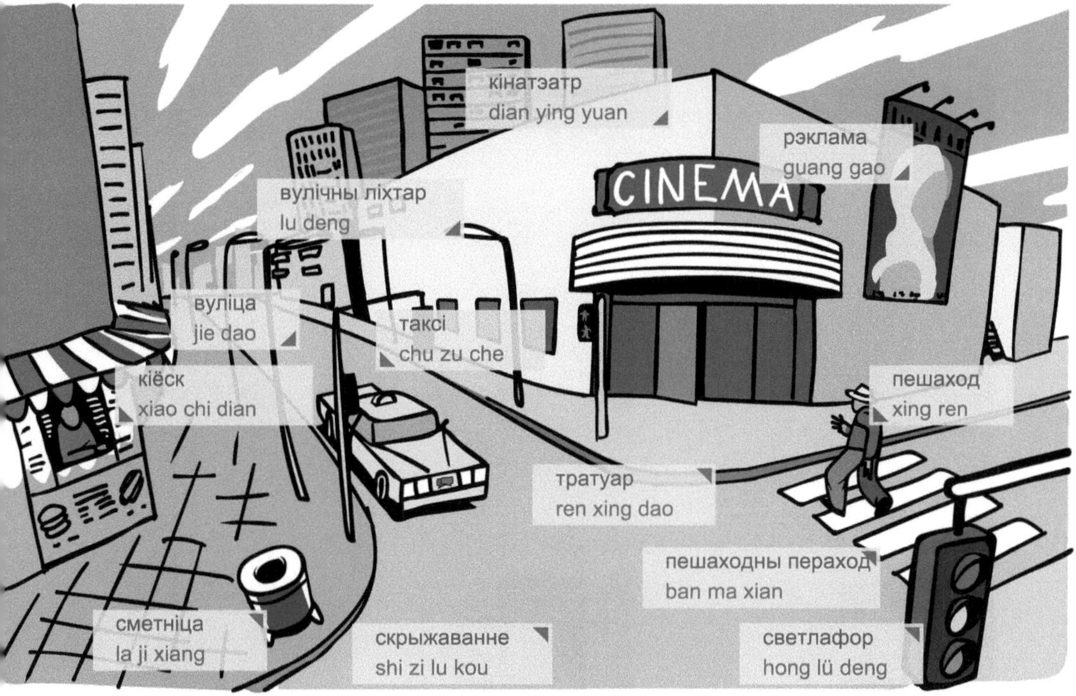

кінатэатр
dian ying yuan
рэклама
guang gao
CINEMA
вулічны ліхтар
lu deng
вуліца
jie dao
таксі
chu zu che
кіёск
xiao chi dian
пешаход
xing ren
тратуар
ren xing dao
пешаходны пераход
ban ma xian
сметніца
la ji xiang
скрыжаванне
shi zi lu kou
светлафор
hong lü deng

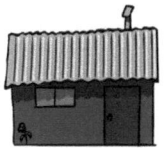

халупа

xiao wu

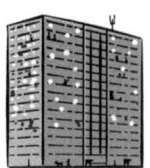

кватэра

gong yu

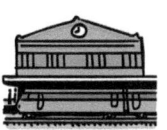

чыгуначная станцыя

huo che zhan

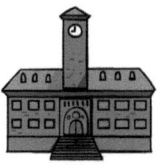

ратуша

shi zheng ting

MUSEUM

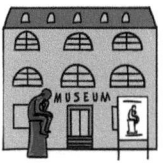

музей

bo wu guan

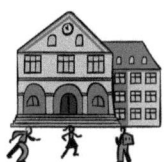

школа

xue xiao

універсітэт

da xue

банк

yin hang

шпіталь

yi yuan

гатэль

jiu dian

аптэка

yao fang

офіс

ban gong shi

кнігарня

shu dian

крама

shang dian

кветкавая крама

hua dian

супермаркет

chao shi

кірмаш

shi chang

універмаг

bai huo shang dian

рыбная крама

yu dian

гандлевы цэнтр

gou wu zhong xin

порт

hai gang

парк

gong yuan

лава

chang deng

мост

qiao

лесвіца

lou ti

метро

di tie

тунэль

sui dao

прыпынак

gong jiao che zhan

бар

jiu ba

рэстаран

can guan

паштовая скрыня

you tong

вулічны паказальнік

lu biao

паркамат

ting che ji shi qi

заапарк

dong wu yuan

басейн

you yong guan

мячэць

qing zhen si

сядзіба

nong chang

забруджванне
навакольнага асяроддзя

wu ran

могілкі

mu di

царква

jiao tang

пляцоўка для гульні

cao chang

храм

si miao

краявід

di xing

ліст
shu ye

паказальнік
zhi shi pai

дарога
lu

луг
cao di

камень
shi tou

падарожнік
tu bu lü xing zhe

дрэва
shu

рака
he

трава
cao

кветка
hua

даліна

xia gu

гара

shan

возера

hu

лес

sen lin

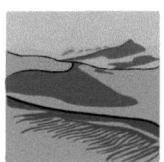

пустыня

sha mo

вулкан

huo shan

замак

cheng bao

вясёлка

cai hong

грыб

mo gu

пальма

zong lü shu

камар

wen zi

муха

cang ying

мурашка

ma yi

пчала

mi feng

павук

zhi zhu

жук

jia chong

жаба

qing wa

вавёрка

song shu

вожык

ci wei

заяц

ye tu

сава

mao tou ying

птушка

niao

лебедзь

tian e

дзік

ye zhu

алень

lu

лось

mi lu

плаціна

shui ba

вятрак

feng li fa dian ji

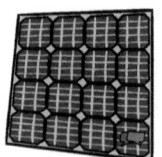

сонечная батарэя

tai yang neng dian chi ban

клімат

qi hou

рэстаран

can guan

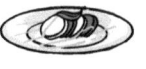

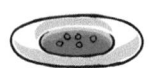

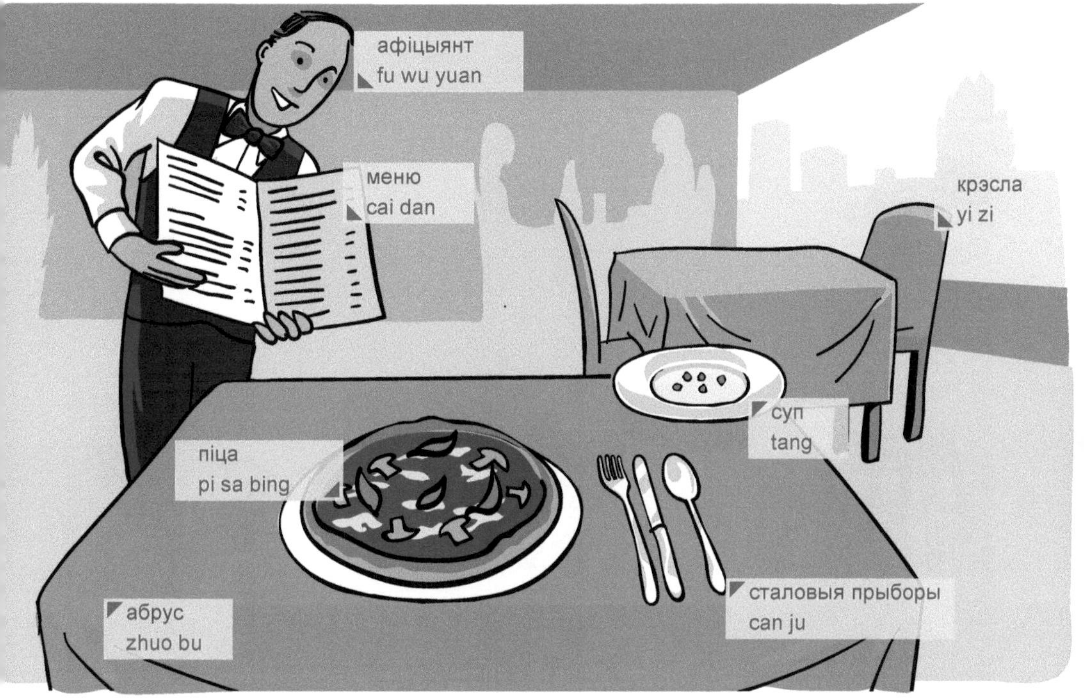
афіцыянт
fu wu yuan
меню
cai dan
крэсла
yi zi
суп
tang
піца
pi sa bing
абрус
zhuo bu
сталовыя прыборы
can ju

закуска

qian cai

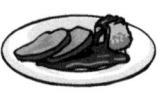

другая страва

zhu cai

дэсерт

tian dian

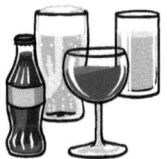

напоі

yin liao

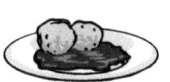

ежа

shi wu

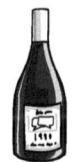

бутэлька

ping zi

хуткае харчаванне (фаст-фуд)

kuai can

стрыт-фуд

jie bian xiao chi

імбрык (чайнік)

cha hu

цукарніца

tang he

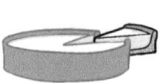

порцыя

yi fen fan cai

эспрэса-машына

yi shi ka fei ji

дзіцячае крэселка

gao jiao yi

рахунак

zhang dan

паднос

tuo pan

нож

dao

відэлец

can cha

лыжка

shao zi

чайная лыжка

cha chi

сурвэтка

can jin

шклянка

bo li bei

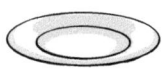

талерка

die zi

супавая талерка

tang pan

сподак

die zi

соус

jiang

сальніца

yan ping

млынок для перцу

hu jiao mo

воцат

cu

алей

shi yong you

спецыі

tiao wei liao

кетчуп

fan qie jiang

гарчыца

jie mo

маянэз

dan huang jiang

супермаркет

chao shi

акцыя
te jia
FOR
пакупнік
gu ke
малочныя прадукты
ru zhi pin
садавіна
shui guo
вазок
gou wu che

BUTCHERS

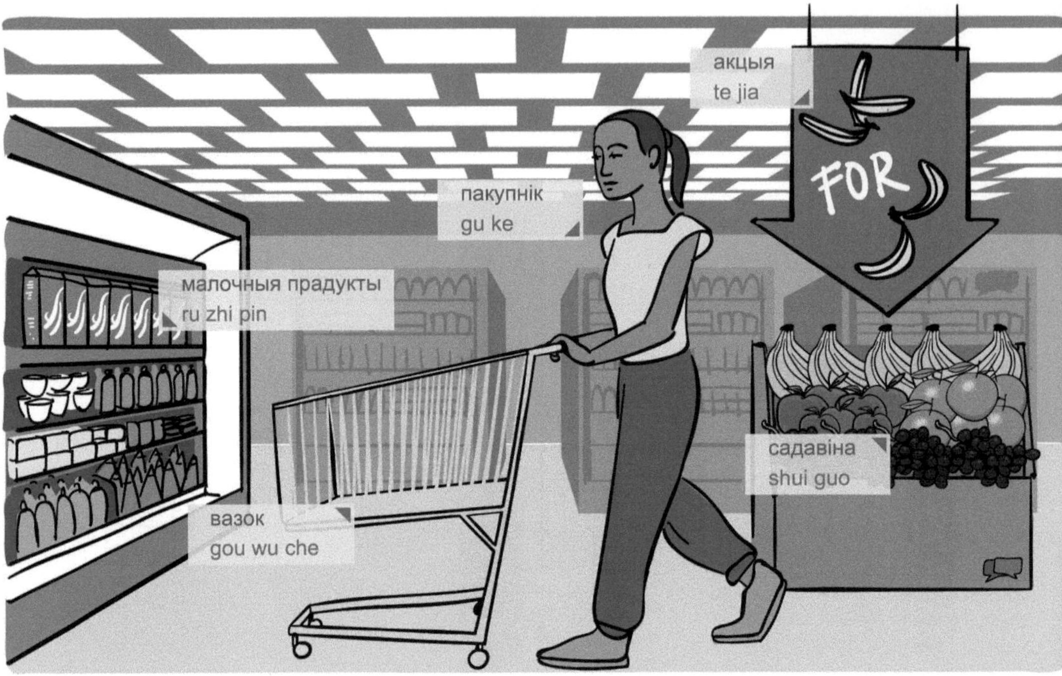

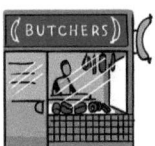

мясная крама

rou pu

BAKERY

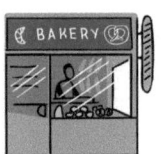

хлебны магазін

mian bao fang

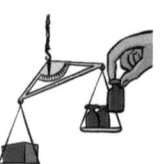

важыць

cheng zhong

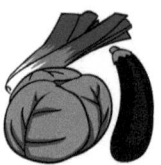

гароднiна

shu cai

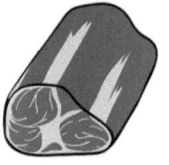

мяса

rou

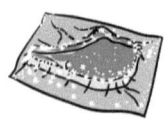

свежазамарожаныя прадукты

leng dong shi pin

нарэзка

leng pan

кансервы

guan tou shi pin

пральны парашок

xi yi fen

прысмакі

tian shi

хатнія прылады

ri yong pin

чысцячы сродак

qing jie yong pin

прадавец

xiao shou yuan

каса

shou yin ji

касір

shou yin yuan

спіс пакупак

gou wu qing dan

гадзіны працы

kai fang shi jian

бумажнік

qian bao

крэдытная картка

xin yong ka

сумка

dai zi

пакет

su liao dai

вада

shui

сок

guo zhi

малако

niu nai

кола

ke le

віно

hong jiu

піва

pi jiu

алкаголь

jiu

какава

ke ke

гарбата (чай)

cha

кава

ka fei

эспрэса

yi shi nong suo ka fei

капучына

ka bu qi nuo

банан

xiang jiao

яблык

ping guo

апельсін

cheng zi

дыня

xi gua

лімон

ning meng

морква

hu luo bo

часнок

da suan

бамбук

zhu zi

цыбуля

yang cong

грыб

mo gu

арэхі

jian guo

локшына

mian tiao

спагеці

yi da li mian tiao

рыс

mi fan

салата

sha la

бульба фры

shu tiao

смажаная бульба

zha tu dou

піца

pi sa bing

гамбургер

han bao bao

бутэрброд

san ming zhi

шніцаль

zha zhu pai

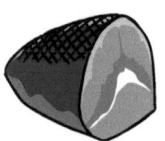

вяндліна

huo tui

салямі

sa la mi

каўбаса

xiang chang

курыца

ji rou

смажаніна

kao rou

рыбак

yu

аўсяныя камякі

yan mai pian

мюслі

mu zi li

кукурузныя шматкі

yu mi pian

мука

mian fen

круасан

yang jiao mian bao

булачка

mian bao juan

хлеб

mian bao

тост

kao mian bao

пячэнне

bing gan

масла

huang you

тварог

ning ru

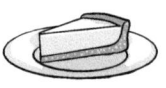

пірог

dan gao

яйка

dan

яечня

jian dan

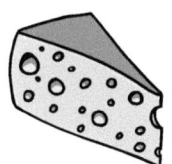

сыр

nai lao

ежа - shi wu

марожанае

bing ji lin

цукар

tang

мёд

feng mi

варэнне

guo jiang

нуга

qiao ke li jiang

кары

ga li fan

сядзіба
nong chang

хата
nong she
хлеў
liang cang
цюк саломы
dao cao kun
поле
tian ye
конь
ma
прычэп
tuo che
трактар
tuo la ji
жарабя
ma ju
асёл
lü
авечка
yang
ягня
gao yang

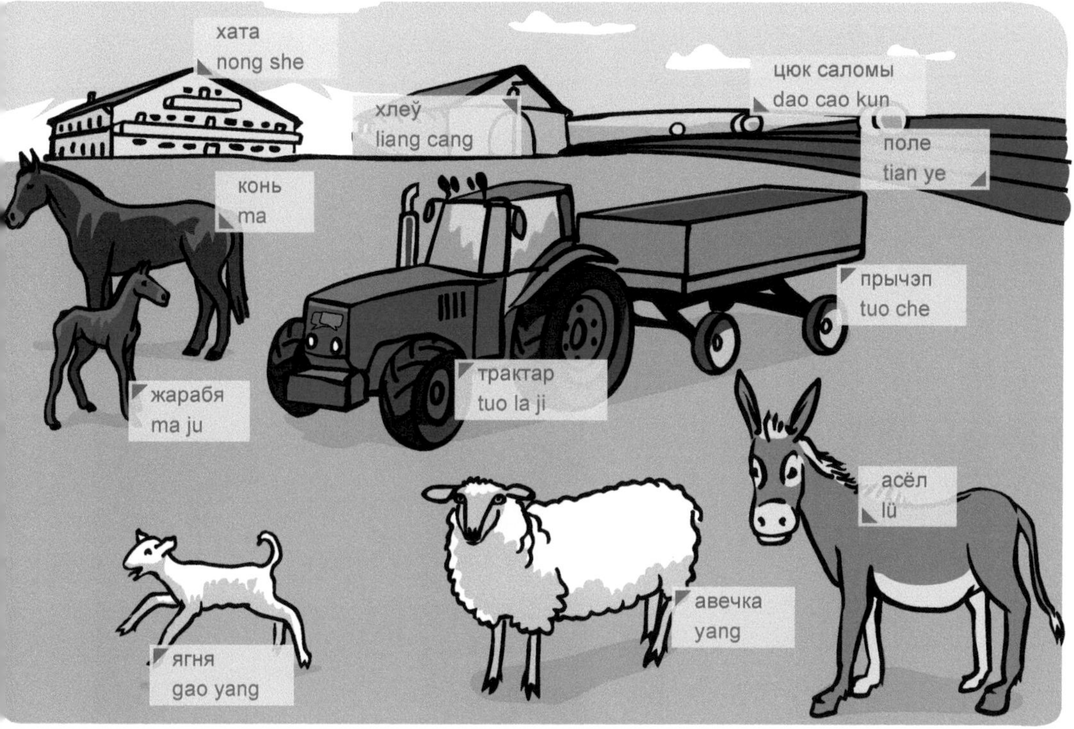

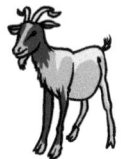

каза
shan yang

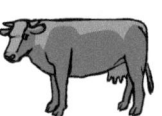

карова
nai niu

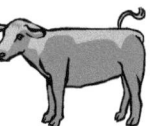

цяля
niu du

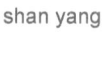

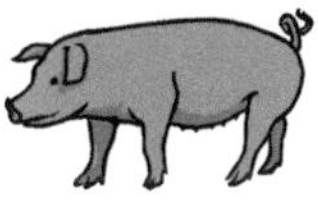

свіння
zhu

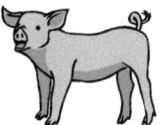

парася
xiao zhu

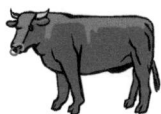

бык
gong niu

гусак
e

качка
ya

кураня
xiao ji

курыца
mu ji

певень
gong ji

пацук
shu

кот
mao

мыш
lao shu

вол
niu

сабака
gou

сабачая будка
gou wu

садовы шланг
hua yuan jiao shui ruan guan

палівачка
sa shui hu

каса
chang bing da lian dao

плуг
li

серп

lian dao

матыка

chu tou

вілы для гною

chang bing cao pa

сякера

fu tou

тачка

du lun shou tui che

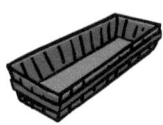

карыта

si liao cao

бітон для малака

niu nai guan

мех

ma bu dai

плот

zha lan

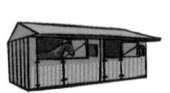

хлеў

ma jiu

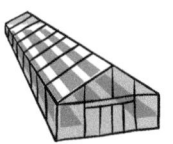

цяпліца

wen shi

глеба

tu rang

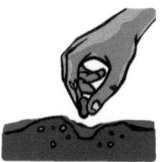

насенне

zhong zi

угнаенне

fei liao

камбайн

lian he shou ge ji

збіраць ураджай

shou ge

ураджай

shou ge

ямс

shan yao

пшаніца

xiao mai

соя

da dou

бульба

tu dou

кукуруза

yu mi

рапс

you cai zi

садовае дрэва

guo shu

маніёк

shu shu

збожжа

gu wu

дом
fang zi

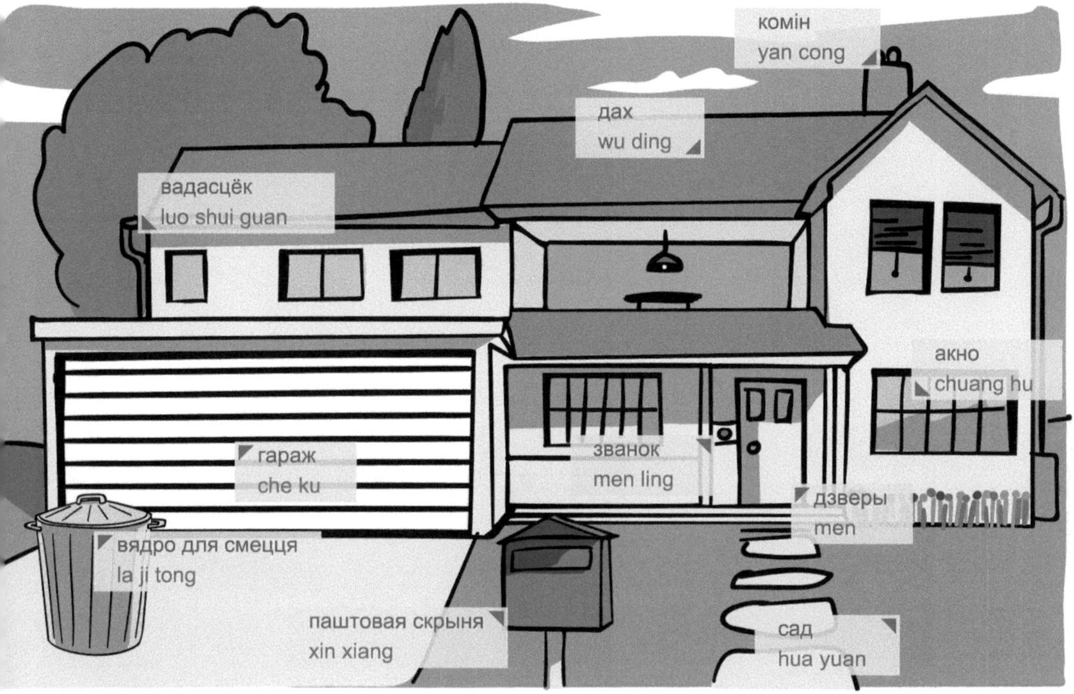

комін
yan cong
дах
wu ding
вадасцёк
luo shui guan
акно
chuang hu
гараж
che ku
званок
men ling
дзверы
men
вядро для смецця
la ji tong
паштовая скрыня
xin xiang
сад
hua yuan

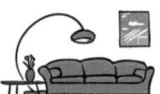

жылы пакой

ke ting

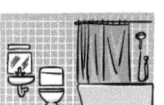

ванная

yu shi

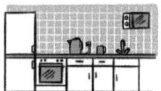

кухня

chu fang

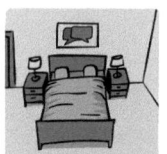

спальны пакой

wo shi

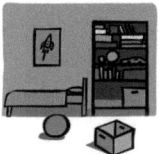

дзіцячы пакой

er tong fang

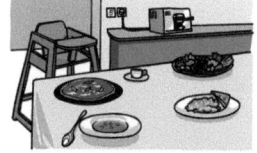

сталоўка

can ting

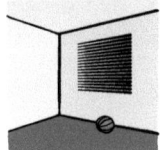

падлога

di ban

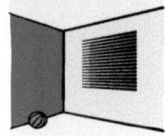

сцяна

qiang bi

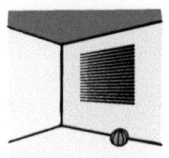

столь

diao ding

падвал

di jiao

саўна

sang na

балкон

yang tai

тэраса

lu tai

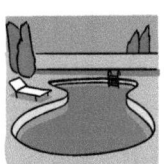

басейн

you yong chi

касілка

ge cao ji

падкоўдранік

bei dan

коўдра

chuang zhao

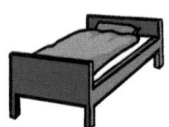

ложак

chuang

венік

sao zhou

вядро

shui tong

выключальнік

kai guan

жылы пакой
ke ting

шпалеры
bi zhi
малюнак
zhao pian
лямпа
tai deng
паліца
ge jia
шафа
chu gui
тэлевізар
dian shi ji
камін
bi lu
кветка
hua
падушка
dian zi
канапа
sha fa
ваза
hua ping
пульт
yao kong qi

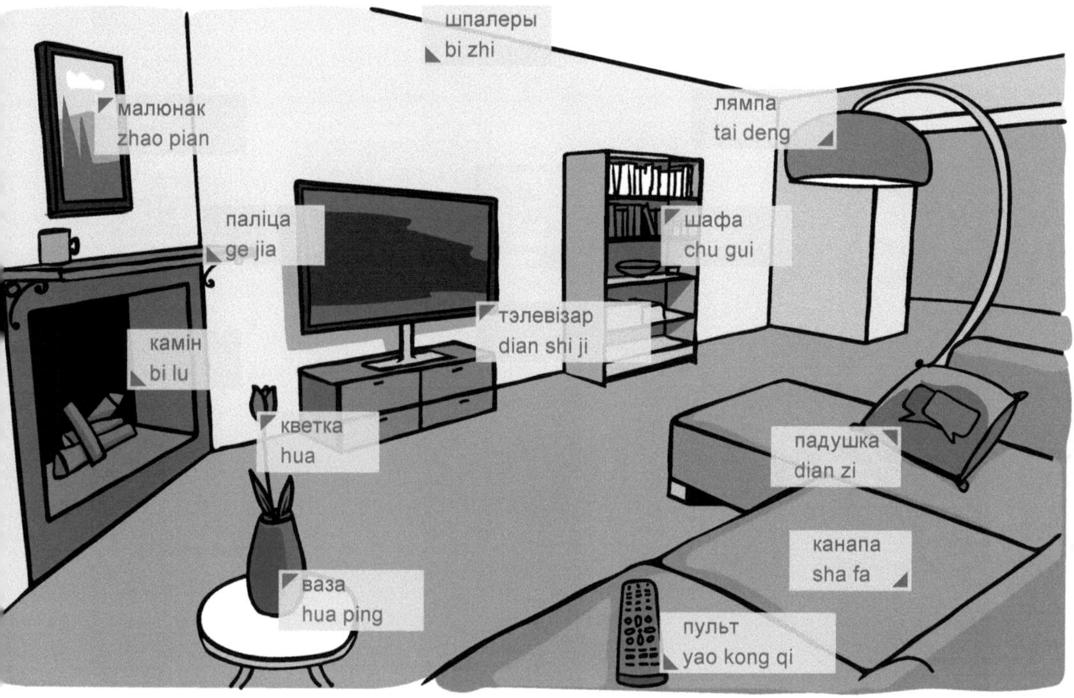

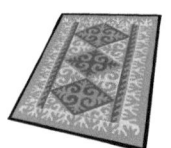

дыван

di tan

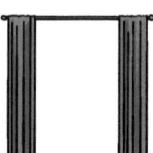

фіранка

chuang lian

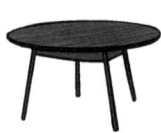

стол

can zhuo

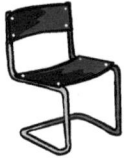

крэсла

yi zi

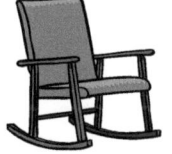

крэсла-качалка

yao yi

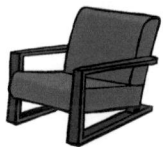

крэсла

fu shou yi

кніга

shu

коўдра

tan zi

дэкарацыя

zhuang shi pin

дровы

mu chai

кіно

dian ying

стэрэасістэма

gao bao zhen yin xiang

ключ

yao shi

газета

bao zhi

карціна

you hua

постар

hai bao

радыё

shou yin ji

нататнік

bi ji ben

пыласос

xi chen qi

кактус

xian ren zhang

свечка

la zhu

кухня
chu fang

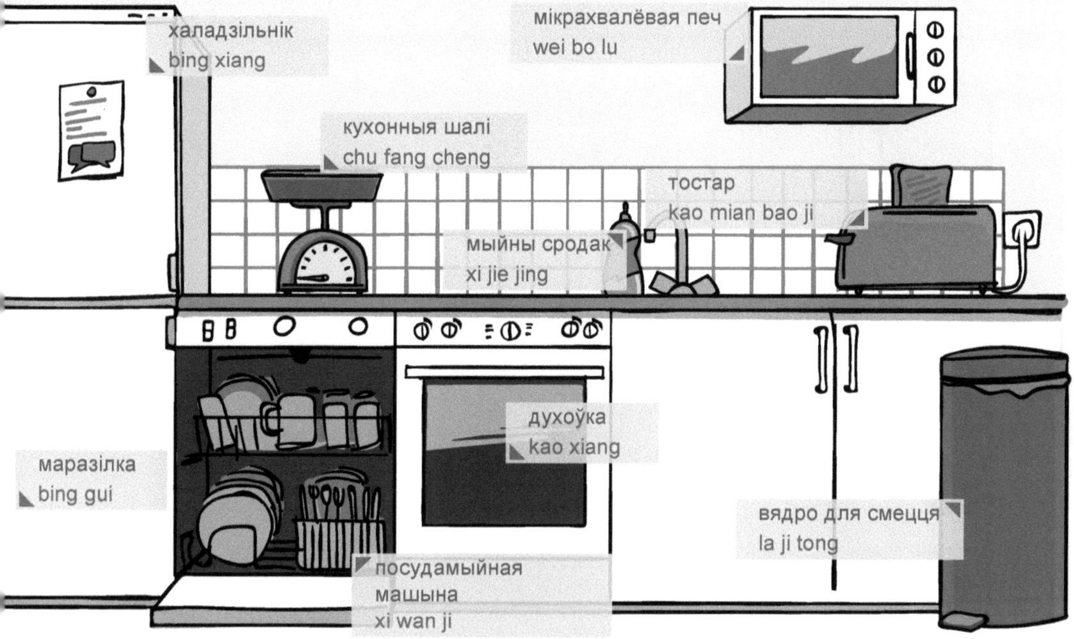

халадзільнік
bing xiang
мікрахвалёвая печ
wei bo lu
кухонныя шалі
chu fang cheng
тостар
kao mian bao ji
мыйны сродак
xi jie jing
духоўка
kao xiang
маразілка
bing gui
вядро для смецця
la ji tong
посудамыйная
машына
xi wan ji

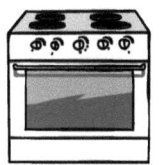

пліта

chui ju

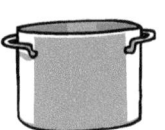

рондаль

guo

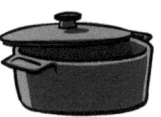

чыгунок

zhu tie guo

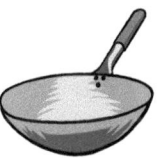

Вок / кадаі

sha guo

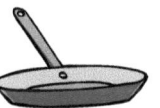

патэльня

ping di guo

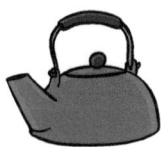

чайнік

shui hu

параварка

zheng guo

бляха

kao pan

посуд

tao ci guo

кубак

ma ke bei

міска

wan

палачкі для ежы

kuai zi

чарпак

chang bing shao

лапатачка

chan zi

збівалка

jiao ban qi

сіта для варэння

lü wang

сіта

shai zi

тарка

mo sui ji

ступка

yan bo

грыль

shao kao

вогнішча

ming huo

дошка

cai ban

качалка

gan mian zhang

штопар

kai ping qi

бляшанка

guan zi

адкрывалка

kai ping qi

прыхваткі

ge re shou tao

ракавіна

shui cao

шчотка

shua zi

губка

hai mian

міксер

jiao ban ji

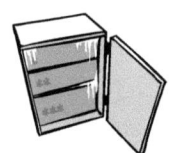

маразільная камера

leng cang xiang

бутэлечка

nai ping

вадаправодны кран

shui long tou

ванная

yu shi

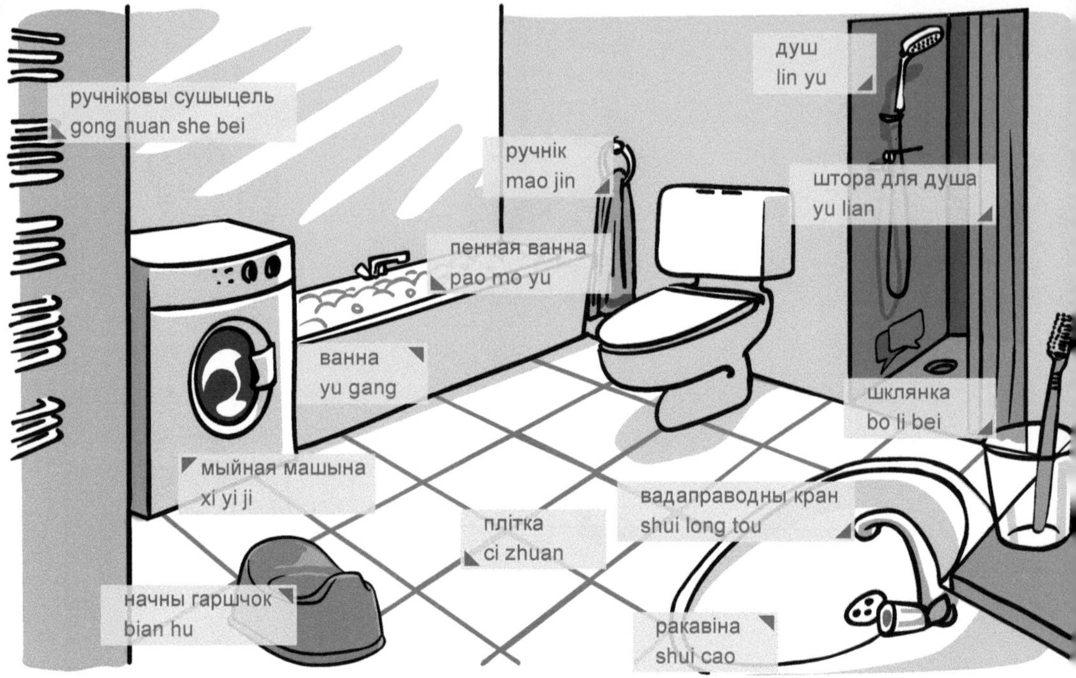

душ
lin yu
ручніковы сушыцель
gong nuan she bei
ручнік
mao jin
штора для душа
yu lian
пенная ванна
pao mo yu
ванна
yu gang
шклянка
bo li bei
мыйная машына
xi yi ji
вадаправодны кран
shui long tou
плітка
ci zhuan
начны гаршчок
bian hu
ракавіна
shui cao

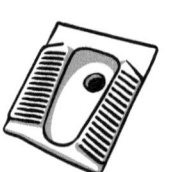

туалет

ce suo

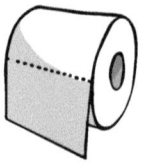

падлогавы ўнітаз

dun bian qi

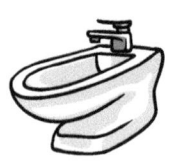

бідэ

zuo yu qi

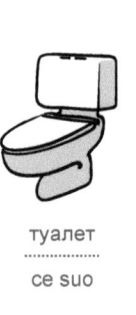

пісуар

xiao bian chi

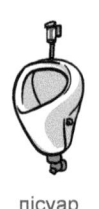

туалетная папера

ce zhi

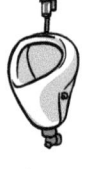

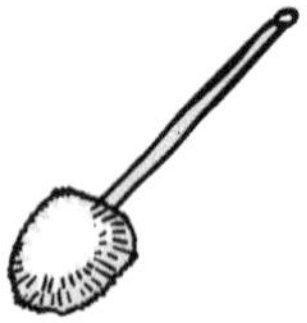

шчотка для чысткі ўнітаза

ma tong shua

зубная шчотка

ya shua

зубная паста

ya gao

зубная нітка

ya xian

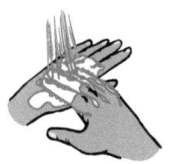

мыць

xi

ручны душ

shou chi shi pen lin tou

інтымны душ

chong xi qi

умывальнік

xi lian pen

шчотка для спіны

ca bei shua

мыла

fei zao

гель для душа

mu yu lu

шампунь

xi fa shui

вяхотка

fa lan rong

вадасцёк

pai shui

крэм

ru shuang

дэзадарант

chu chou ji

люстэрка

jing zi

касметычнае люстэрка

shou jing

станок для галення

ti xu dao

пена для галення

ti xu pao mo

ласьён пасля галення

xu hou shui

грэбень

shu zi

шчотка

shua zi

фен

chui feng ji

лак для валасоў

pen fa ding xing ji

касметыка

hua zhuang pin

памада

chun gao

лак для пазногцяў

zhi jia you

вата

hua zhuang mian

манікюрныя нажніцы

zhi jia jian

духі

xiang shui

касметычка

xi shu bao

табурэтка

deng zi

вагі

ji zhong cheng

лазневы халат

yu pao

санітарныя пальчаткі

xiang jiao shou tao

тампон

wei sheng mian tiao

гігіенічныя пракладкі

wei sheng jin

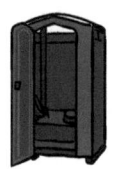

біятуалет

hua xue ce suo

дзіцячы пакой

er tong fang

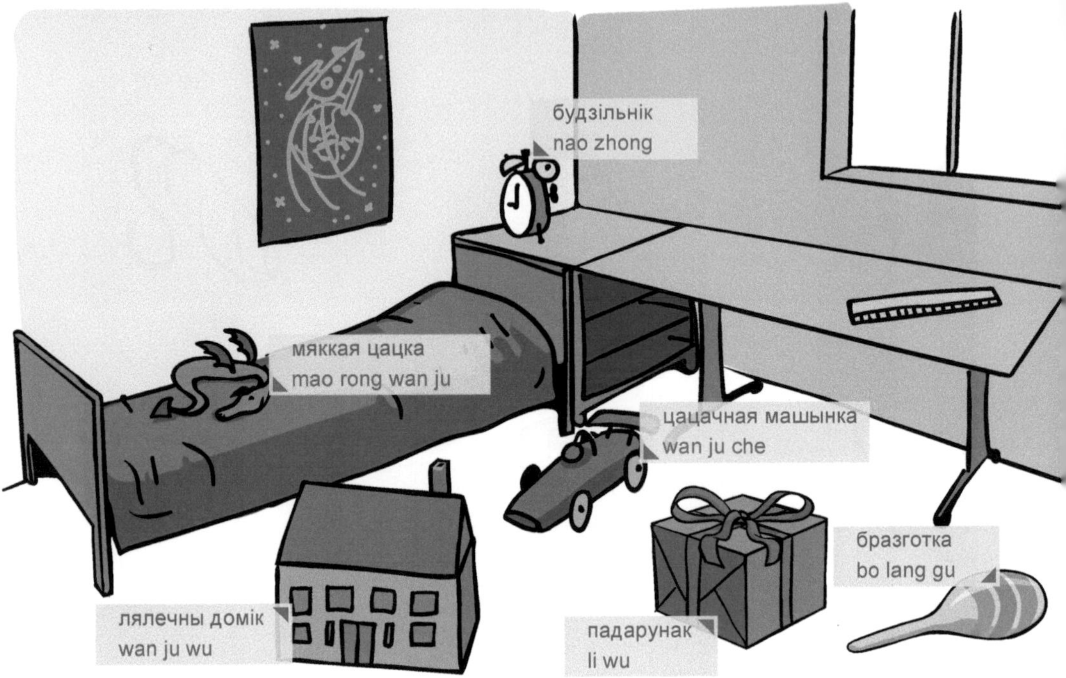
будзільнік
nao zhong
мяккая цацка
mao rong wan ju
цацачная машынка
wan ju che
бразготка
bo lang gu
лялечны домік
wan ju wu
падарунак
li wu

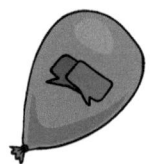

надзіманы шарык

qi qiu

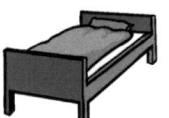

ложак

chuang

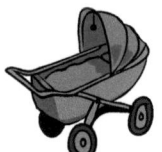

дзіцячая каляска

(yang wa wa yong)ying er che

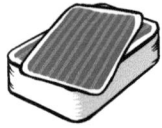

калода картаў

pu ke pai

пазл

pin tu

SUPER
MEGA

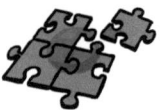

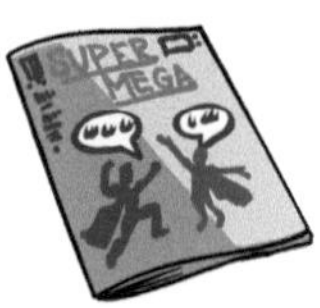

комікс

man hua

канструктар "Лега"

le gao ji mu

канструктар

ji mu wan ju

экшэн-фігурка

wan ju ren

дзіцячы гарнітур

ying er fu

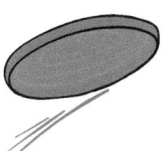

фрызбі

fei pan

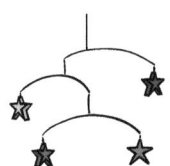

дзіцячы мабіль

chuang ling wan ju

настольная гульня

qi pan you xi

кубік

shai zi

дзіцячая чыгунка

huo che mo xing

пустышка

an fu nai zui

дзіцячае свята

ju hui

кніга з малюнкамі

hui ben

мячык

qiu

лялька

yang wa wa

гуляцца

wan

пясочніца

sha keng

арэлі

qiu qian

цацкі

wan ju

гульнявая відэа прыстаўка

you xi ji

трохколавы ровар

san lun che

плюшавы мішка

tai di xiong

шафа

yi chu

адзенне

yi fu

шкарпэткі

wa zi

панчохі

chang wa

калготкі

jin shen ku

шалік
wei jin

рамень
pi dai

парасон
yu san

цішотка
T xu

красоўкі
yun dong xie

боты
xue zi

пантоплі
tuo xie

сандалі
....
liang xie

абутак
....
xie

гумовыя боты
....
yu xue

трусы
....
nei ku

бюстгальтар
....
xiong zhao

майка
....
bei xin

бодзі
shen ti

штаны
ku zi

джынсы
niu zai ku

спадніца
duan qun

блузка
nü shi chen shan

кашуля
chen shan

джэмпер
tao tou shan

талстоўка
wei yi

блэйзер
xi zhuang jia ke

куртка
jia ke

паліто
wai tao

дажджавік
yu yi

касцюм
tao zhuang

сукенка
lian yi qun

вясельная сукенка
hun sha

касцюм

xi zhuang

начная сарочка

shui pao

піжама

shui yi

сары

sha li

хустка

tou jin

цюрбан

bao tou jin

паранджа

bo ka

каптан

ka fu tan

Абая

(a la bo shi)chang pao

купальнік

yong yi

плаўкі

nan shi yong ku

шорты

duan ku

спартыўны касцюм

yun dong fu

фартух

wei qun

пальчаткі

shou tao

гузік

niu kou

акуляры

yan jing

бранзалет

shou lian

каралі

xiang lian

кальцо

jie zhi

завушніца

er huan

кепка

bian mao

вешалка

yi jia

капялюш

mao zi

гальштук

ling dai

маланка

la lian

шлем

tou kui

падцяжкі

bei dai

школьная форма

xiao fu

уніформа

zhi fu

нагруднік

wei dou

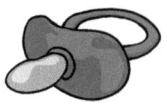

пустышка

an fu nai zui

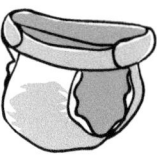

падгузнік

niao bu shi

офіс
ban gong shi

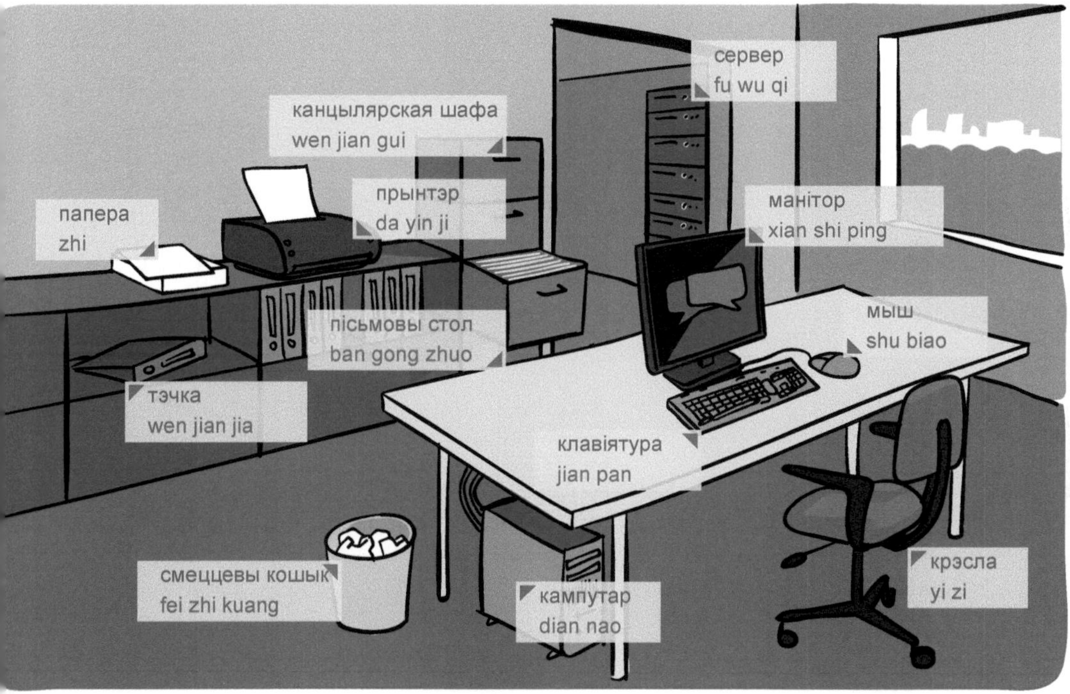

сервер
fu wu qi

канцылярская шафа
wen jian gui

прынтэр
da yin ji

манітор
xian shi ping

папера
zhi

мыш
shu biao

пісьмовы стол
ban gong zhuo

тэчка
wen jian jia

клавіятура
jian pan

крэсла
yi zi

смеццевы кошык
fei zhi kuang

кампутар
dian nao

:убак для кавы (філіжанка)

ka fei bei

калькулятар

ji suan qi

інтэрнэт

yin te wang

ноўтбук

bi ji ben dian nao

ліст

xin jian

паведамленне

xiao xi

мабільны тэлефон

shou ji

сетка

wang luo

ксеракс

fu yin ji

праграмнае забеспячэнне

ruan jian

тэлефон

dian hua

разетка

cha zuo

факс

chuan zhen ji

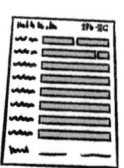

фармуляр

biao ge

дакумент

wen jian

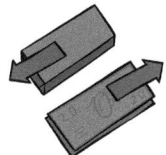

купляць

mai

плаціць

fu qian

гандляваць

jiao yi

грошы

xian jin

долар

mei yuan

еўра

ou yuan

ена

ri yuan

рубель

lu bu

франк

rui shi fa lang

кітайскі юань

ren min bi

рупія

lu bi

банкамат

ti kuan chu

абменны пункт

wai bi dui huan chu

золата

jin

срэбра

yin

нафта

shi you

энергія

neng yuan

цана

jia ge

кантракт

he tong

падатак

shui jin

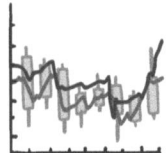

акцыя

gu piao

працаваць

gong zuo

служачы

zhi yuan

працадаўца

lao ban

фабрыка

gong chang

крама

shang dian

прафесіі
zhi ye

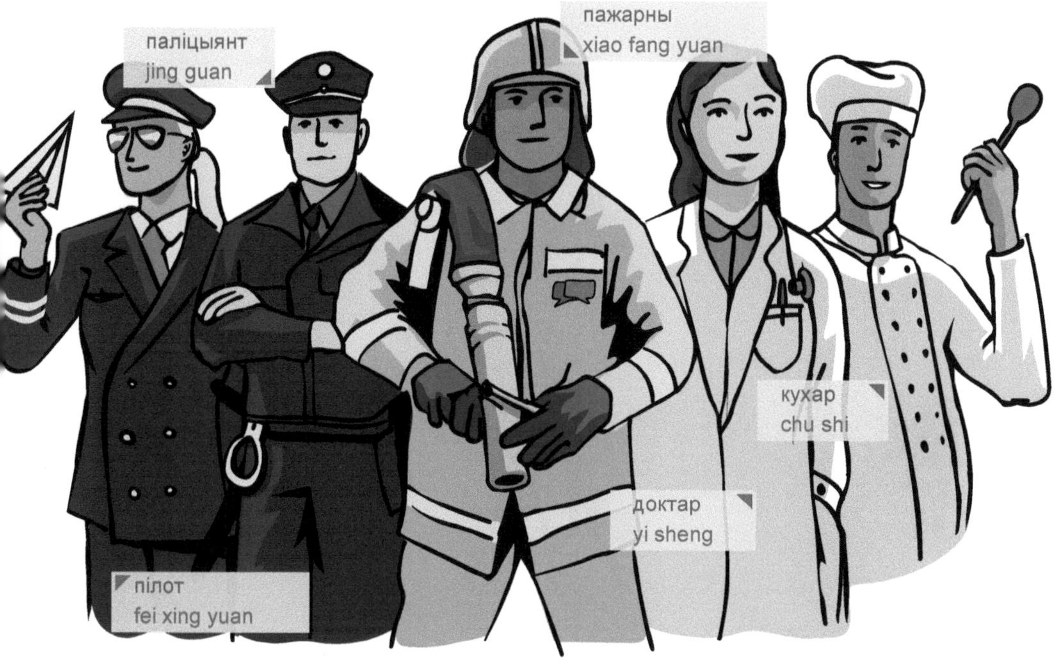

паліцыянт
jing guan
пажарны
xiao fang yuan
кухар
chu shi
доктар
yi sheng
пілот
fei xing yuan

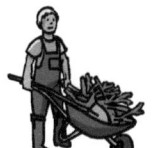

садоўнік

yuan ding

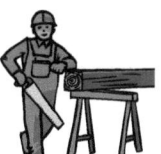

слесар

mu jiang

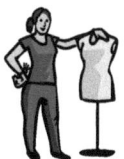

швачка

cai feng

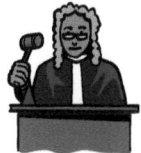

суддзя

fa guan

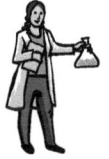

хімік

hua xue jia

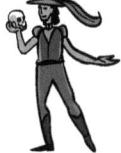

артыст

yan yuan

кіроўца аўтобуса

gong jiao che si ji

таксіст

chu zu che si ji

рыбак

yu fu

прыбіральшчыца

qing jie nü gong

страхар

wu ding gong

афіцыянт

fu wu yuan

паляўнічы

lie ren

мастак

hua jia

пекар

mian bao shi

электрык

dian gong

будаўнік

jian zhu gong ren

інжынер

gong cheng shi

мяснік

tu fu

сантэхнік

shui guan gong

паштальён

you di yuan

салдат

shi bing

архітэктар

jian zhu shi

касір

shou yin yuan

фларыст

hua nong

цырульнік

li fa shi

кандуктар

shou piao yuan

механік

ji xie shi

капітан

chuan zhang

стаматолаг

ya yi

вучоны

ke xue jia

рабін

la bi

імам

yi ma mu

манах

he shang

святар

mu shi

інструменты

gong ju

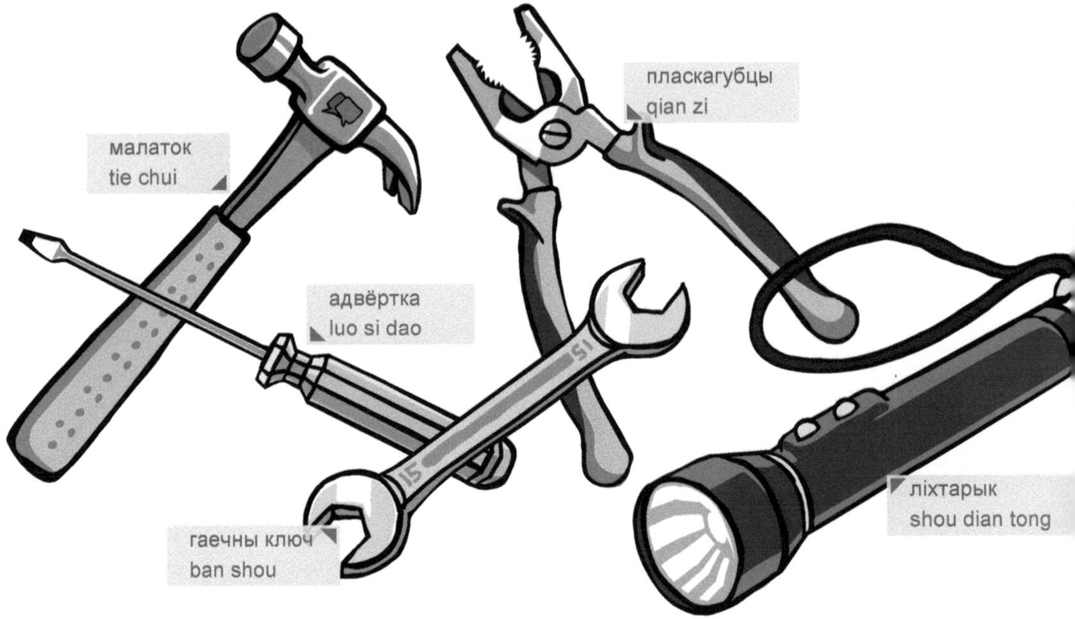
пласкагубцы
qian zi
малаток
tie chui
адвёртка
luo si dao
ліхтарык
shou dian tong
гаечны ключ
ban shou

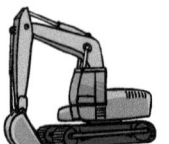

экскаватар

wa jue ji

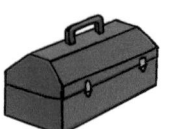

скрыня для інструментаў

gong ju xiang

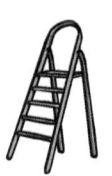

дравіны

ti zi

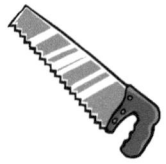

піла

ju zi

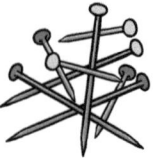

цвікі

ding zi

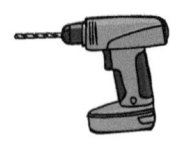

дрыль

zuan ji

рамантаваць

xiu

рыдлеўка

chan zi

Халера!

kao!

шуфлік для смецця

bo ji

вядро з фарбаю

you qi tong

балты

luo si

музычныя інструменты

yue qi

ударны інструмент
da ji yue qi

калонкі
yang sheng qi

гітара
ji ta

кантрабас
di yin ti qin

труба
xiao hao

піяніна

gang qin

скрыпка

xiao ti qin

басгітара

bei si

літаўры

ding yin gu

барабан

gu

клавішны электрамузычны
інструмент

dian zi qin

саксафон

sa ke si guan

флейта

chang di

мікрафон

mai ke feng

заапарк
dong wu yuan

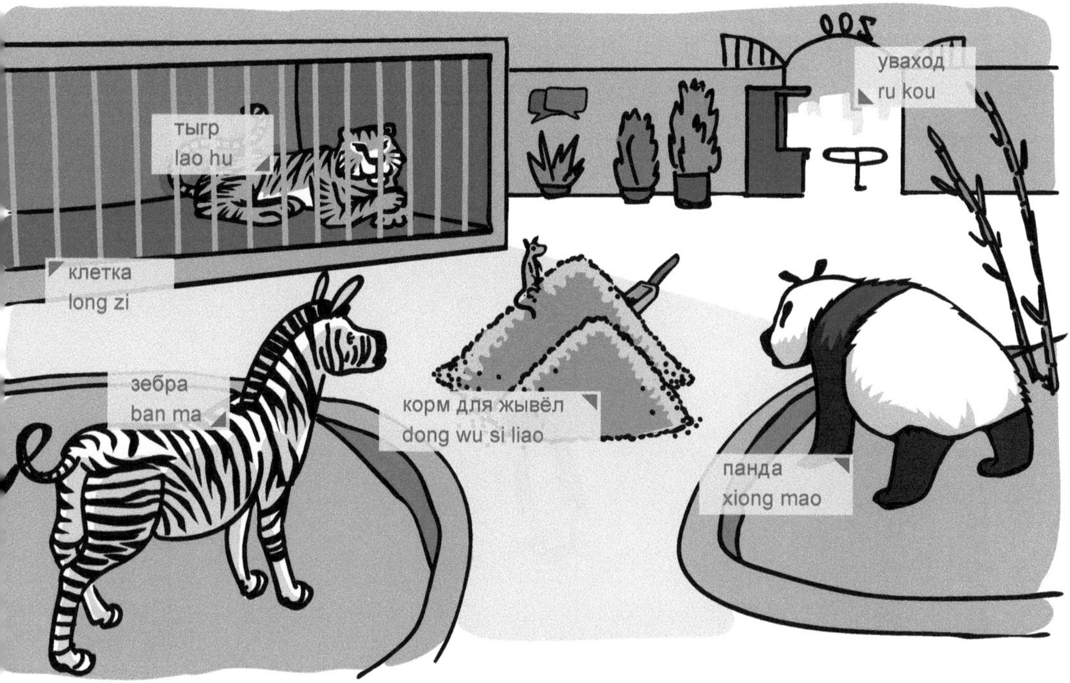
уваход
ru kou
тыгр
lao hu
клетка
long zi
зебра
ban ma
корм для жывёл
dong wu si liao
панда
xiong mao

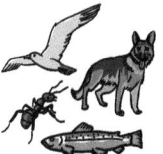

жывёлы

dong wu

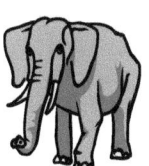

слон

da xiang

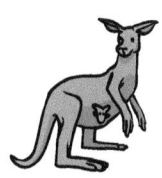

кенгуру

dai shu

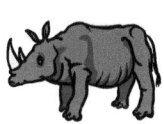

насарог

xi niu

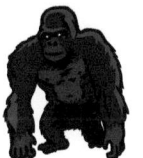

гарыла

da xing xing

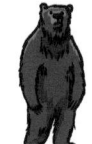

мядзведзь

xiong

вярблюд

luo tuo

стравус

tuo niao

леў

shi zi

малпа

hou zi

фламінга

huo lie niao

папугай

ying wu

белы мядзведзь

bei ji xiong

пінгвін

qi e

акула

sha yu

паўлін

kong que

змяя

she

кракадзіл

e yu

наглядчык заапарка

dong wu yuan guan li yuan

цюлень

hai bao

ягуар

mei zhou bao

поні

ai zhong ma

леапард

bao

бегемот

he ma

жыраф

chang jing lu

арол

lao ying

дзік

ye zhu

рыбак

yu

чарапаха

gui

морж

hai xiang

ліса

hu li

газель

ling yang

спорт
ti yu

амерыканскі футбол
gan lan qiu

веласпорт
qi zi xing che

тэніс
wang qiu

баскетбол
lan qiu

плаванне
you yong

хакей з шайбай
bing qiu

бокс
quan ji

футбол
ying shi zu qiu

бадмінтон
yu mao qiu

лёгкая атлетыка
tian jing

гандбол
shou qiu

горныя лыжы
hua xue

пола
ma qiu

62   спорт - ti yu

скакаць
tiao

смяяцца
xiao

абдымаць
yong bao

icцi
zou lu

спяваць
chang

марыць
zuo meng

маліцца
qi dao

цалаваць
qin wen

пісаць
shu xie

маляваць
hua

паказваць
zhan shi

націснуць
tui

даваць
gei

браць
na

маць

you

выконваць

zuo

быць

dang

стаяць

zhan

бегчы

pao

цягнуць

la

кідаць

reng

падаць

shuai dao

ляжаць

tang

чакаць

deng dai

насіць

xie dai

сядзець

zuo

апранацца

chuan yi

спаць

shui jiao

прачынацца

xing lai

глядзець

kan

плакаць

ku

лашчыць

fu mo

прычэсвацца

shu tou

гаварыць

jiao tan

разумець

ming bai

пытаць

wen

чуць

ting

піць

he

есці

chi

прыбіраць

qing li

кахаць

ai

гатаваць

zuo fan

ехаць

kai che

лятаць

fei

плаваць пад ветразем

hang xing

лічыць

ji suan

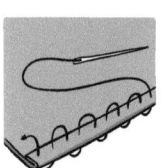

чытаць

du

вучыць

xue xi

працаваць

gong zuo

уступаць у шлюб

jie hun

шыць

feng

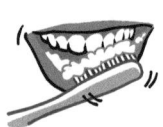

чысціць зубы

shua ya

забіваць

sha

курыць

chou yan

пасылаць

ji

бабуля
zu mu

дзядуля
zu fu

бацька
fu qin

маці
mu qin

дзіця
ying tong

дачка
nü er

сын
er zi

госць

ke ren

цётка

a yi

дзядзька

shu shu

брат

xiong di

сястра

jie mei

цела

shen ti

лоб
qian e
вока
yan jing
плячо
jian bang
палец
shou zhi
твар
lian
падбародак
xia ba
рука
shou
нага
tui
грудзі
ru fang
рука
shou bi

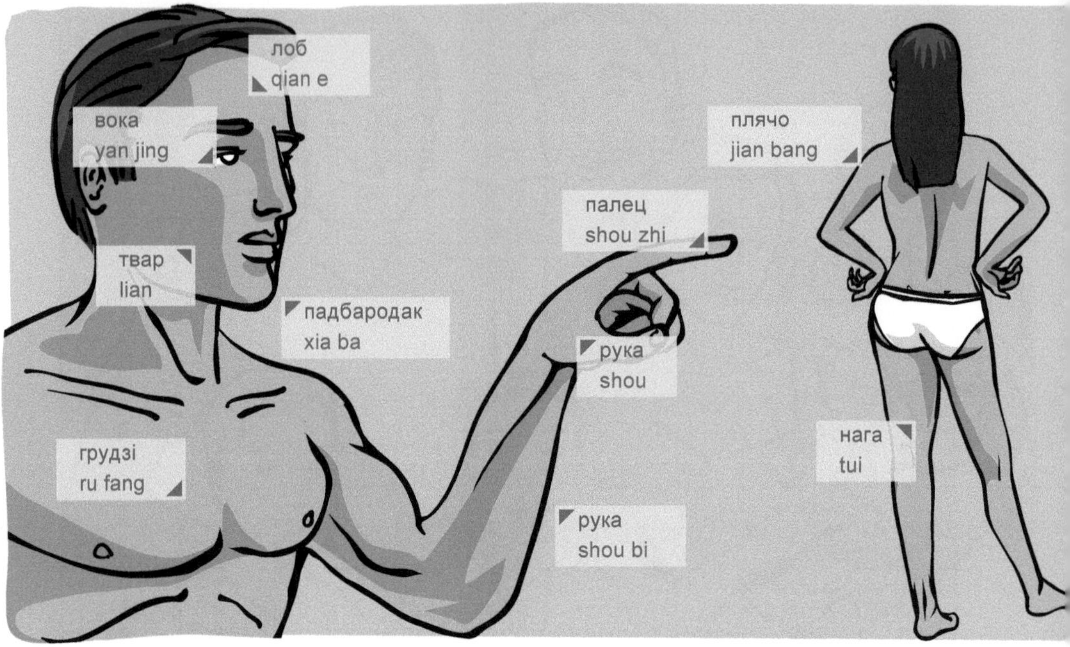

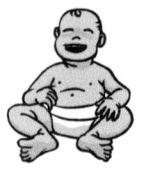

дзіця

ying tong

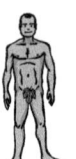

мужчына

nan ren

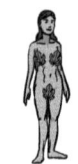

жанчына

nü ren

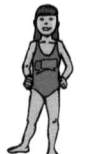

дзяўчынка

nü hai

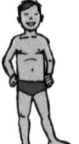

хлопчык

nan hai

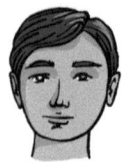

галава

tou

спіна

bei bu

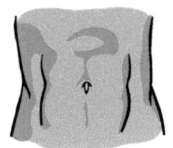

жывот

du zi

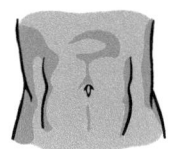

пуп

du qi

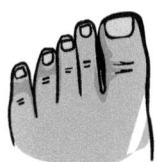

палец нагі

jiao zhi

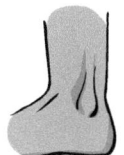

пятка

jiao hou gen

костка

gu tou

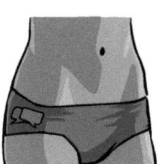

бядро

tun bu

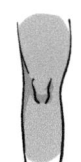

калена

xi gai

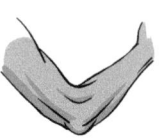

локаць

shou zhou

нос

bi zi

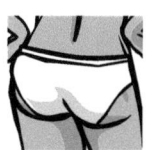

ягадзіца

pi gu

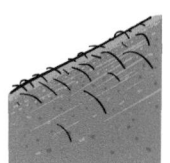

скура

pi fu

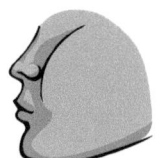

шчака

lian jia

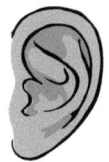

вуха

er duo

губа

zui chun

цела - shen ti

69

рот

zui

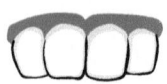

зуб

ya chi

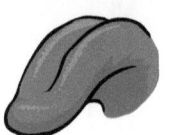

язык

she tou

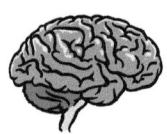

галаўны мозг

nao

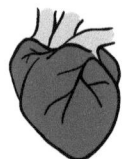

сэрца

xin zang

мышца

ji rou

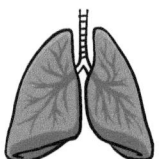

лёгкае

fei

пячонка

gan zang

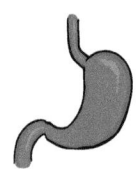

страўнік

wei

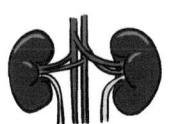

ныркі

shen zang

сэкс

xing jiao

прэзерватыў

bi yun tao

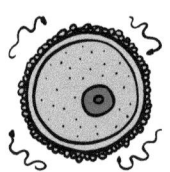

яйцаклетка

luan zi

сперма

jing zi

цяжарнасць

huai yun

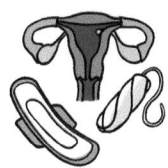

менструацыя

yue jing

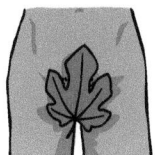

похва

yin dao

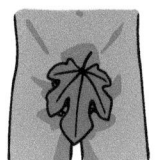

пеніс

yin jing

брыво

mei mao

валасы

tou fa

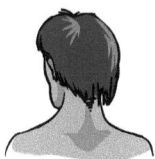

шыя

bo zi

шпіталь

yi yuan

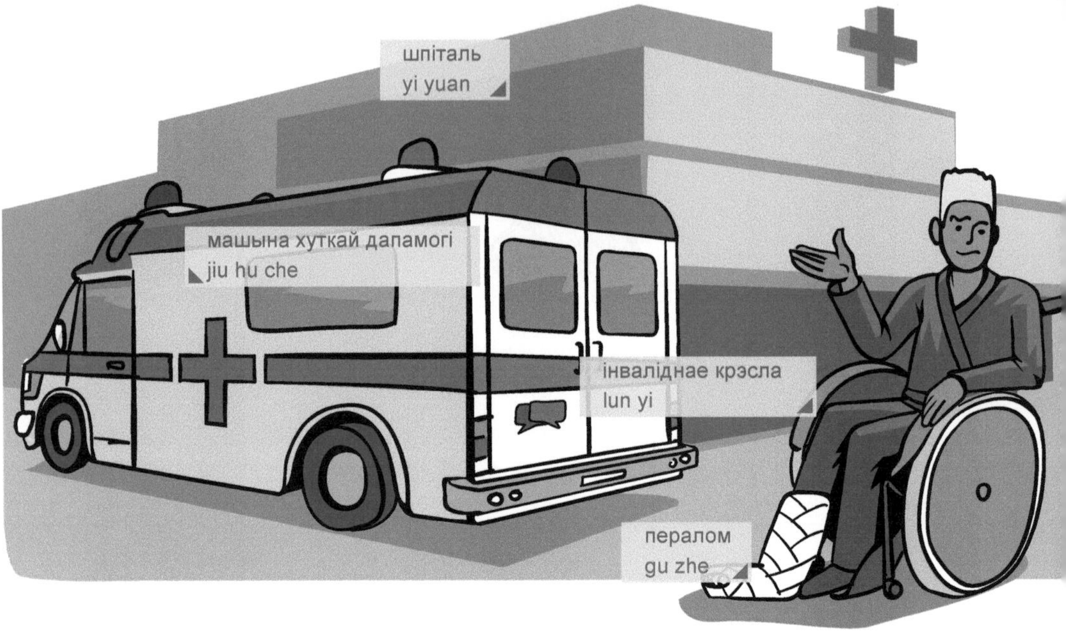

шпіталь
yi yuan
машына хуткай дапамогі
jiu hu che
інваліднае крэсла
lun yi
пералом
gu zhe

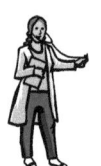

доктар

yi sheng

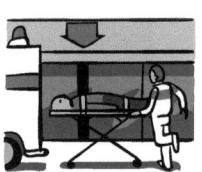

аддзяленне першай дапамогі

ji zhen shi

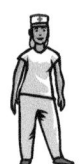

медсястра

hu shi

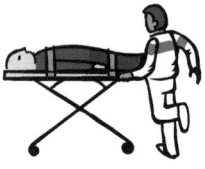

экстраная дапамога

jin ji qing kuang

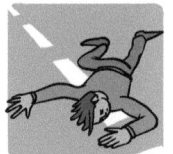

непрытомны

hun mi

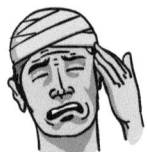

боль

tong

траўма
shou shang

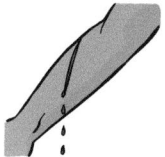

крывацёк
chu xue

інфаркт
xin zang bing fa zuo

апаплексія
zhong feng

алергія
guo min

кашаль
ke sou

гарачка
fa shao

грып
liu gan

панос
fu xie

галаўны боль
tou tong

рак
ai zheng

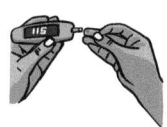

дыябет
tang niao bing

хірург
wai ke yi sheng

скальпель
shou shu dao

аперацыя
shou shu

КТ

CT

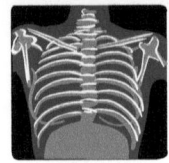

рэнтген

X guang

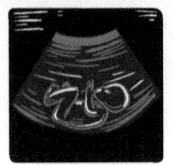

ультрагук

chao sheng bo

маска

kou zhao

хвароба

ji bing

пачакальня

hou zhen shi

мыліца

guai zhang

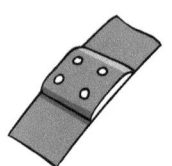

пластыр

shi gao

бінт

beng dai

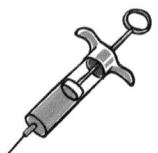

ін'екцыя

zhu she

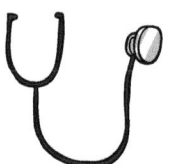

стэтаскоп

ting zhen qi

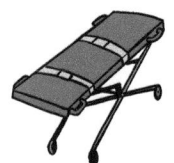

насілкі

dan jia

градуснік

ti wen ji

нараджэнне

chu sheng

лішняя вага

chao zhong

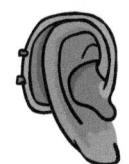

слухавы апарат

zhu ting qi

дэзінфекцыйны сродак

xiao du ye

інфекцыя

gan ran

вірус

bing du

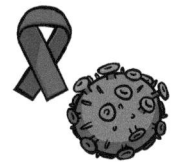

ВІЧ/СНІД

ai zi bing

лекі

yao wu

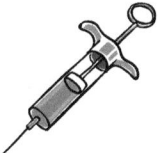

прышчэпка

jie zhong yi miao

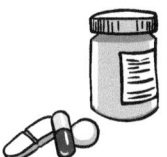

таблеткі

yao pian

супрацьзачаткавая таблетка

yao wan

экстраны выклік

ji jiu dian hua

танометр

xue ya ji

хворы / здаровы

sheng bing/jian kang

Ратуйце!

jiu ming!

сігналізацыя

jing bao

напад

tu ji

атака

gong ji

небяспека

wei xian

аварыйны выхад

jin ji chu kou

Пажар!

zhao huo la!

вогнетушыцель

mie huo qi

аварыя

yi wai

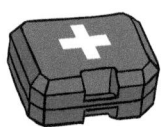

аптэчка

ji jiu xiang

COC

hu jiu xin hao

паліцыя

jing cha

Еўропа

ou zhou

Паўночная Амерыка

bei mei zhou

Паўднёвая Амерыка

nan mei zhou

Афрыка

fei zhou

Азія

ya zhou

Аўстралія

ao zhou

Атлантычны акіян

da xi yang

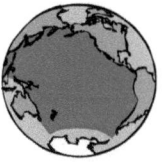

Ціхі акіян

tai ping yang

Індыйскі акіян

yin du yang

Паўднёвы ледавіты акіян

nan bing yang

Паўночны ледавіты акіян

bei bing yang

Паўночны полюс

bei ji

Паўднёвы полюс

nan ji

Антарктыда

nan ji zhou

Зямля

di qiu

краіна

lu di

мора

hai

востраў

dao

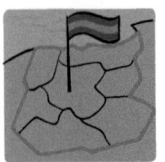

нацыя

guo jia

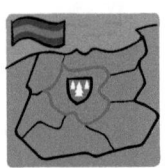

дзяржава

guo jia

цыферблат

zhong mian

гадзінная стрэлка

shi zhen

хвілінная стрэлка

fen zhen

секундная стрэлка

miao zhen

Колькі часу?

xian zai ji dian?

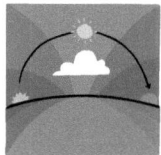

дзень

tian

час

shi jian

зараз

xian zai

электронны гадзіннік

dian zi biao

хвіліна

fen

гадзіна

shi

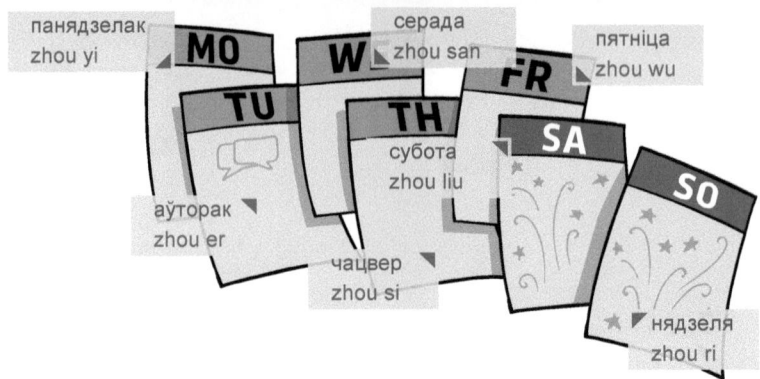

панядзелак
zhou yi

серада
zhou san

пятніца
zhou wu

аўторак
zhou er

чацвер
zhou si

субота
zhou liu

нядзеля
zhou ri

ўчора

zuo tian

сёння

jin tian

заўтра

ming tian

раніца

zao chen

абед

zhong wu

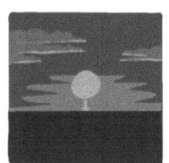

вечар

wan shang

MO	TU	WE	TH	FR	SA	SU
1	2	3	4	5	6	7
8	9	10	11	12	13	14
15	16	17	18	19	20	21
22	23	24	25	26	27	28
29	30	31	1	2	3	4

працоўныя дні

gong zuo ri

MO	TU	WE	TH	FR	SA	SU
1	2	3	4	5	6	7
8	9	10	11	12	13	14
15	16	17	18	19	20	21
22	23	24	25	26	27	28
29	30	31	1	2	3	4

выхадныя

zhou mo

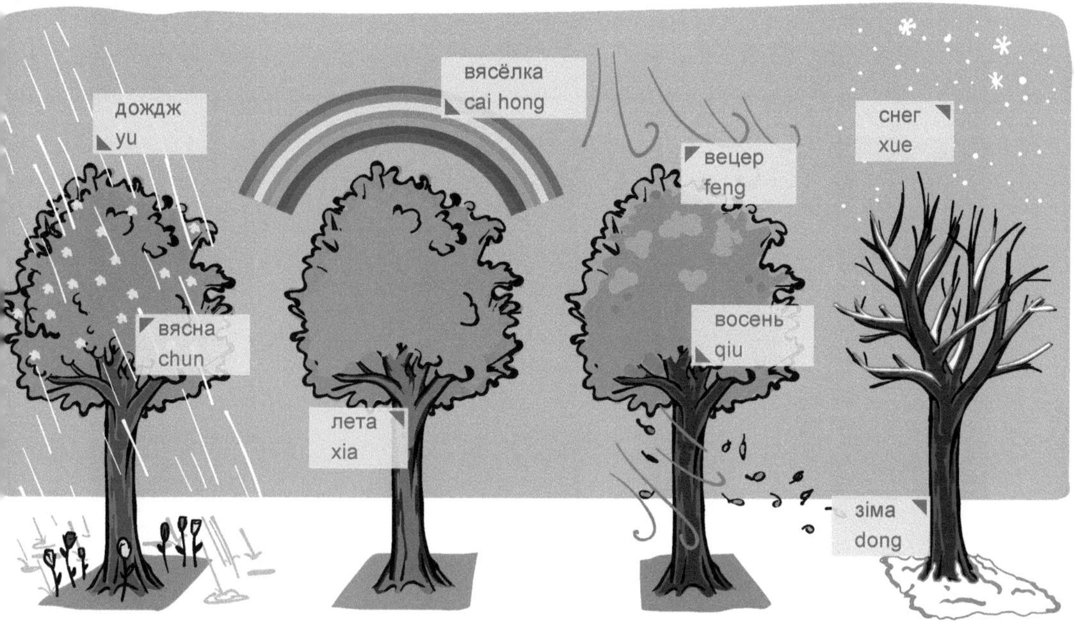

дождж
yu
вясёлка
cai hong
вецер
feng
снег
xue
вясна
chun
лета
xia
восень
qiu
зіма
dong

4.APRIL 11°
5.APRIL 4°
6.APRIL 13°
7.APRIL 8°
8.APRIL 10°

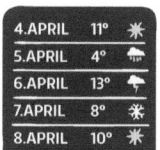

прагноз надвор'я

tian qi yu bao

F
C
120
90
60
30
0
-30
40
30
20
10
0
-10
-20

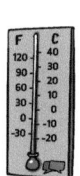

градуснік

wen du ji

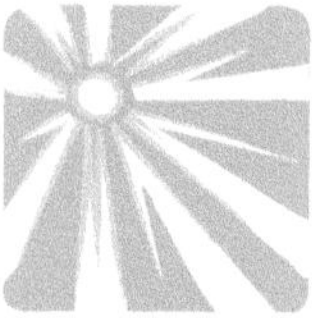

сонечнае святло

yang guang

воблака

yun

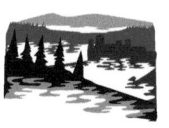

туман

wu

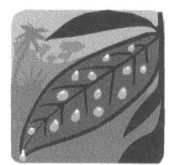

вільготнасць паветра

chao shi

маланка

shan dian

гром

da lei

бура

feng bao

град

bing bao

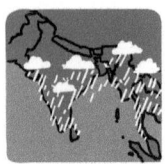

мусонны вецер

ji feng

прыліў

hong shui

лёд

bing

студзень

yi yue

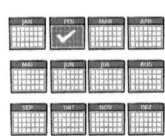

люты

er yue

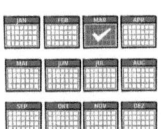

сакавік

san yue

красавік

si yue

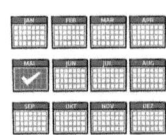

май

wu yue

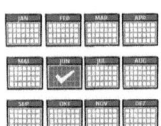

чэрвень

liu yue

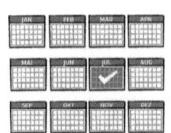

ліпень

qi yue

жнівень

ba yue

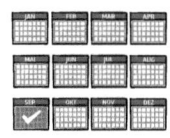

верасень
....
jiu yue

кастрычнік
....
shi yue

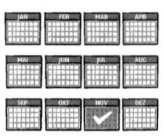

лістапад
....
shi yi yue

снежань
....
shi er yue

формы
xing zhuang

круг
....
yuan xing

квадрат
....
zheng fang xing

прамавугольнік
....
chang fang xing

трохвугольнік
....
san jiao xing

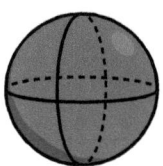

шар
....
qiu ti

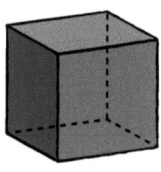

куб
....
li fang ti

белы

bai

жоўты

huang

аранжавы

cheng

ружовы

fen

чырвоны

hong

фіялетавы

zi

сіні

lan

зялёны

lü

карычневы

zong

шэры

hui

чорны

hei

шмат / мала

hen duo/shao xu

злы / добры

sheng qi/ping jing

прыгожы / брыдкі

mei/chou

пачатак / канец

shou/wei

высокі / малы

da/xiao

светлы / цёмны

ming/an

сястра / брат

xiong di/jie mei

чысты / брудны

gan jing/ang zang

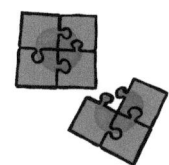

поўны / няпоўны

wan zheng/que shi

дзень / ноч

bai tian/wan shang

мёртвы / жывы

si/sheng

шырокі / вузкі

kuan/zhai

ядомы / неядомы

ke shi yong/fei shi yong

злы / добры

xie e/shan liang

узбуджаны / нудны

xing fen/wu liao

тоўсты / тонкі

pang/shou

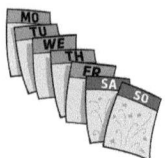

першы / апошні

di yi/zui hou

сябар / вораг

peng you/di ren

поўны / пусты

man/kong

цвёрды / мяккі

ying/ruan

важкі / лёгкі

zhong/qing

голад / смага

e/ke

хворы / здаровы

sheng bing/jian kang

нелегальны / легальны

fei fa/he fa

разумны / дурны

cong ming/yu ben

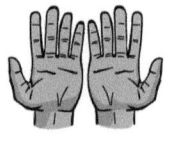

левы / правы

zuo/you

побач / далёка

jin/yuan

новы / былы ва ўжыванні

xin/jiu

нічога / нешта

mei you/you xie

стары / малады

lao/you

укл / выкл

kai/guan

адчынены / зачынены

da kai/he shang

ціхі / гучны

an jing/chao nao

багаты / бедны

fu/qiong

правільна / няправільна

dui/cuo

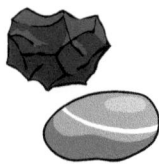

шурпаты / гладкі

cu cao/guang hua

сумны / шчаслівы

shang xin/gao xing

кароткі / доўгі

duan/chang

павольны / хуткі

man/kuai

вільготны / сухі

shi/gan

цёплы / халаднаваты

wen nuan/liang shuang

вайна / мір

zhan zheng/he ping

супрацьлегласці - fan yi ci

0

нуль

ling

1

адзін

yi

2

два

er

3

тры

san

4

чатыры

si

5

пяць

wu

6

шэсць

liu

7

сем

qi

8

восем

ba

9

дзевяць

jiu

10

дзесяць

shi

11

адзінаццаць

shi yi

12

дванаццаць

shi er

13

трынаццаць

shi san

14

чатырнаццаць

shi si

15

пятнаццаць

shi wu

16

шаснаццаць

shi liu

17

сямнаццаць

shi qi

18

васямнаццаць

shi ba

19

дзевятнаццаць

shi jiu

20

дваццаць

er shi

100

сто

bai

1.000

тысяча

qian

1.000.000

мільён

bai wan

англійская

ying yu

англійская (Амерыка)

mei shi ying yu

кітайская мандарынская

pu tong hua

хіндзі

yin di yu

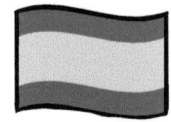

іспанская

xi ban ya yu

французская

fa yu

арабская

a la bo yu

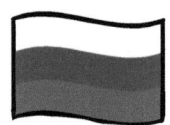

руская

e yu

партугальская

pu tao ya yu

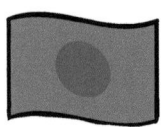

бенгальская

feng jia la yu

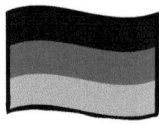

нямецкая

de yu

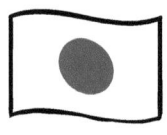

японская

ri yu

я
wo

ты
ni

ён / яна / яно
ta/ta/ta

мы
wo men

вы
ni men

яны
ta men

хто?
shei?

што?
shen me?

як?
zen yang?

дзе?
na li?

калі?
shen me shi hou?

імя
ming zi

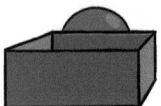

за

hou mian

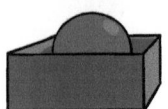

у

li mian

перад

qian mian

над

shang fang

на

shang mian

пад

xia mian

каля

pang bian

паміж

zhong jian

месца

di dian